RÉGLEMENT

DE LA

MISSION DE MANDCHOURIE

ADOPTÉ

A LA RÉUNION GÉNÉRALE DES MISSIONNAIRES

ANNÉE 1881

PARIS

IMPRIMERIE DE L'ŒUVRE DE SAINT-PAUL

L. PHILIPONA, 51, RUE DE LILLE

—

1882

RÉGLEMENT

DE LA

MISSION DE MANDCHOURIE

RÉGLEMENT

DE LA

MISSION DE MANDCHOURIE

ADOPTÉ

À LA RÉUNION GÉNÉRALE DES MISSIONNAIRES

ANNÉE 1881

PARIS

IMPRIMERIE DE L'ŒUVRE DE SAINT-PAUL

L. PHILIPONA, 51, RUE DE LILLE

—

1882

AUX MISSIONNAIRES DE MANDCHOURIE

Cha-ling, le 4 mai 1881.

MESSIEURS ET CHERS CONFRÈRES,

En vous donnant aujourd'hui le réglement particulier de cette Mission, je viens remplir une tâche dont l'importance vous est bien connue.

Personne parmi vous, en effet, n'ignore avec quelle sollicitude le Saint-Siége Apostolique, par l'organe de la Sacrée-Congrégation de la Propagande, a exhorté les Supérieurs des Missions à proposer aux Missionnaires des règlements contenant les lois et les usages en vigueur dans leurs Vicariats respectifs, afin d'assurer parmi les ouvriers apostoliques l'uniformité de conduite, soit dans leur vie privée, soit dans l'exercice du saint ministère.

Ces exhortations du Saint-Siége, vous le savez aussi, ont revêtu la forme d'un précepte dans un article du réglement approuvé par le Souverain-Pontife pour notre chère Société des Missions-Étrangères ; et c'est pour ces raisons que j'ai eu à cœur de profiter de l'occasion de notre première réunion générale après le Synode de Péking, pour mener à bonne fin ce travail en prenant l'avis de tous les Missionnaires présents à cette réunion.

Est-il besoin d'ajouter que notre dispersion sur ce sol immense indique assez d'elle-même la nécessité d'imprimer une direction uniforme à l'œuvre d'évangélisation à laquelle nous avons voué notre vie ? Cette vie au service de Dieu, nous la passons au milieu de populations très attentives à remarquer tout ce qui paraît extraordinaire. Nos chrétiens eux-mêmes ne verraient pas sans quelque surprise toujours fâcheuse des innovations se produire dans la ligne de conduite que nous leur traçons ; et cependant notre éloignement les uns des autres ne nous expose que trop au danger de rompre l'uniformité désirable à tant de titres.

Vous l'avez compris vous-mêmes, Messieurs et chers Confrères ; et je retrouve aujourd'hui, dans le souvenir de notre réunion, plus d'un gage du sincère dévouement et de la religieuse soumission que vous apporterez à observer ce directoire pratique à votre usage. Le moment est venu de donner à ce travail, qui est aussi le vôtre, la sanction que vous attendez, et de déclarer, comme je déclare, en effet, par la présente lettre, que tous les statuts qu'il renferme seront désormais, et à partir de ce jour, obligatoires dans la mission de Mandchourie, et jusqu'à ce que le Saint-Siége en ait décidé autrement.

Un exemplaire de ces pages sera adressé à la Sacrée-Congrégation de la Propagande, dont la voix autorisée comme étant celle du Vicaire infaillible de Jésus-Christ, sera écoutée avec amour, respect et entière soumission, si Elle daigne dans la suite nous indiquer des corrections à faire dans ces statuts que nous soumettons très humblement à son examen.

Daigne le divin Maître bénir nos efforts et nous donner d'atteindre le but que nous nous sommes proposé ! Afin que cette uniformité d'action au service des âmes, jointe à l'union des cœurs, rende aux yeux du monde témoignage de la sainteté de notre vocation : *Ut credat mundus quia Deus misit nos.*

Votre très humble et très affectionné serviteur en Notre-Seigneur,

† C. DUBAIL,

Év. Vic. apost. de Mandchourie.

DES SACREMENTS

CHAPITRE PREMIER

DES SACREMENTS

§ 1er. — **Du Baptême.**

1° Les demandes et les réponses des rubriques dans l'administration du Baptême se feront d'abord en latin. Elles seront immédiatement renouvelées en langue vulgaire, de manière que tout le monde puisse comprendre. *(Décret de la S. C. du S. Office, aux Vicaires apostoliques de la région, 23 août 1880.)* Il n'est pas permis aux missionnaires d'accepter la charge de parrains.

2° Dans les postes où se trouve une église ou un oratoire, le Baptême conféré à domicile, en cas de nécessité, doit être administré avec les seules cérémonies suivantes : *L'onction du saint-chrème, l'imposition de l'habit ou voile blanc, et la présentation du cierge allumé.* Le supplément des cérémonies omises ne pourra se faire qu'à l'église. (S. C.)

3° Le prêtre requis pour *ondoyer* en cas de nécessité, doit employer l'eau baptismale, et, à défaut de celle-ci, l'eau simplement naturelle. Les laïcs et les clercs qui ne sont pas diacres, doivent se servir de l'eau bénite pour l'aspersion des fidèles, ou, à son défaut, de l'eau bénite simple, mais jamais de l'eau bénite avec le saint-chrème.

4° Les missionnaires, dans leurs instructions et surtout au temps de la visite, enseigneront aux fidèles les conditions requises pour ondoyer validement, en cas de nécessité. Ils insisteront sur la forme, la matière et l'intention du ministre du sacrement.

5° Il est en outre très-désirable qu'en chaque localité se trouvent plusieurs personnes de confiance, bien instruites sur le rit du Baptême et spécialement approuvées par le missionnaire du district, pour ondoyer en son absence et dans les cas de nécessité.

6° Après le Baptême solennel ou le supplément des cérémonies du Baptême, les noms des baptisés, de leurs parents, des parrains et marraines et du missionnaire, seront immédiatement inscrits en latin sur un registre qui sera soigneusement conservé dans chaque résidence.

7° On doit baptiser les enfants nouveau-nés le plus tôt possible, et l'on ne saura jamais trop insister pour faire comprendre aux parents la gravité de leurs obligations sur un point si important.

8° Le salut des pauvres enfants qui naissent avant le terme, réclame de notre part une sollicitude toute particulière. Les personnes nouvellement mariées et leurs belles-mères doivent être instruites des obligations qui incombent à une femme chrétienne, en cas de fausse couche, à n'importe quelle époque de la grossesse. Il ne faut pas leur laisser ignorer qu'à défaut d'autre personne, la mère peut et doit toujours baptiser l'enfant ou embryon d'enfant. L'ignorance ou la surprise en pareille rencontre serait cause de malheurs irréparables.

N. B. — Les recommandations à faire aux personnes ci-dessus désignées seront ménagées d'après les lois de la prudence et d'une sage discrétion ; pareil sujet ne pourrait jamais se traiter en public.

9° Dans les localités où ne se trouvent encore ni églises ni oratoires proprement dits, le Baptême sera conféré à domicile avec toutes les cérémonies prescrites dans le Rituel. (S. C.)

10° Les malades adultes qui, selon toutes les prévisions, ne pourront plus se présenter à l'église avant la mort, seront baptisés à domicile avec toutes les cérémonies prescrites par le Rituel. On omettra seulement celles que l'état de ces malades ne permettra pas d'accomplir ; v. g.: *Ingredere*

in Ecclesiam Dei ; Flecte genua, etc. On agira de même à
l'égard des enfants malades, si, par extraordinaire, l'impiété
ou la mauvaise volonté des parents fait craindre que les
cérémonies ne leur soient jamais suppléées.

11° Si des parents chrétiens n'observant pas leurs devoirs
religieux, présentent leurs enfants à baptiser, on acquiescera
à leur demande, alors même que la tiédeur des parents serait
excessive, et qu'aucune garantie ne rassurerait le missionnaire sur l'éducation future de ces enfants.

12° Avant de suppléer les cérémonies du Baptême, le prêtre
interrogera soigneusement la personne qui aura baptisé le
sujet qu'on lui présente, ou fera en sorte d'acquérir par
d'autres moyens la certitude de la validité du Baptême pré-
cédent. En cas de doute, le Baptême sera renouvelé sous
condition.

13° Si quelque personne adulte était rebaptisée sous condition, à cause d'un doute fondé sur la validité du Baptême
reçu dans l'enfance, cette même personne devrait ensuite
confesser tous les péchés graves commis après le premier
Baptême et en recevoir l'absolution sous condition.

14° *a)* Les catéchumènes étrangers venus d'un autre vica-
riat ne seront admis au Baptême qu'après informations et
renseignements certains pris sur leur compte.

b) Sauf d'heureuses exceptions qui pourront se présenter,
l'épreuve du catéchuménat avant le Baptême sera d'une année
environ.

c) Les moins instruits de ceux qui seront admis au Baptême
devront au moins savoir faire le signe de la croix et pouvoir
réciter de mémoire le *Pater*, l'*Ave Maria*, le *Credo*, les
commandements de Dieu et de l'Église, les actes de Foi,
d'Espérance et de Charité, l'acte de contrition, le premier
volume du catéchisme et la moitié du catéchisme de l'Eucharistie. Ceux qui ont une plus grande facilité de s'instruire,
devront savoir tout le catéchisme et les prières du matin et
du soir. Cette prescription n'atteint pas les vieillards, les
demi-idiots et les autres personnes dépourvues de mémoire.

15° Les catéchumènes seront toujours examinés sur la
doctrine avant d'être admis au Baptême. Cet examen ne

devra jamais être complétement abandonné aux soins d'une
personne laïque. Il est en outre bien à désirer que le missionnaire, avant de baptiser des adultes, propose à chacun
d'entre eux un entretien particulier. Dans cette entrevue,
il les interrogera avec prudence et discrétion sur certains
points délicats, que l'ignorance ou une illusion dangereuse
pourrait leur faire négliger, comme seraient les questions
de justice commutative, les péchés contre le sixième com-
mandement, etc., etc.

§ 2. — De la Confirmation.

1° Le prêtre délégué par l'Évêque pour donner la Confirmation doit avertir les fidèles qu'il n'est que le ministre
extraordinaire de ce sacrement. *(Instr. de la S. C.)* Cette
obligation d'avertir les fidèles n'existe pas quand il s'agit de
l'administration privée de ce sacrement aux adultes ou aux
enfants moribonds *(Réponse du saint Office, 25 août 1880,
aux Vicaires apostoliques de la région.)*, pourvu que
les fidèles aient été suffisamment instruits sur ce point en
d'autres circonstances.

2° Aucun missionnaire ne pourra administrer solennelle-
ment la Confirmation, à moins qu'il n'ait reçu de l'Évêque une
délégation spéciale pour certains cas déterminés. *(Synode de
Péking.)* Toutefois, en temps ordinaire, tous les prêtres approuvés auront le pouvoir de confirmer les adultes moribonds
qu'ils trouveront suffisamment disposés. Le même pouvoir
est aussi accordé pour confirmer les enfants *in articulo
mortis*.

3° Les personnes qui se présentent pour la Confirmation
doivent être instruites sur la nature, la dignité et les
effets du sacrement. Elles se prépareront à la recevoir digne-
ment par quelque exercice de piété que leur suggérera le
missionnaire.

§ 3. — De l'Eucharistie.

1° Il n'est pas permis de déterminer un âge fixe pour la première communion des enfants, puisque tout fidèle qui a l'usage de raison peut recevoir la sainte Eucharistie, s'il est suffisamment instruit et s'il a les dispositions requises.

2° Pendant la visite ou à une autre époque de l'année, les enfants qui se préparent à la première communion devront être l'objet d'une attention toute spéciale de la part du missionnaire. Il est très-désirable que le jour de la cérémonie soit fixé d'avance, et que cette cérémonie se fasse avec une certaine solennité.

3° Les missionnaires auront soin dans leurs instructions d'instruire les fidèles sur l'excellence, la vertu et la nécessité de ce sacrement auguste, afin de les exciter à le recevoir avec fruit et de leur inspirer une crainte salutaire de la communion indigne. Ils veilleront avec zèle sur la tenue de ceux qui se présentent à la sainte Table, et ne permettront jamais que par un maintien négligé, des habits malpropres, une démarche trop libre, etc., les chrétiens se rendent coupables de quelque irrévérence envers le Corps sacré de Jésus-Christ.

4° Il n'est permis à personne d'ignorer que les saintes Espèces doivent être avalées et non conservées dans la bouche, en attendant qu'elles soient tout à fait fondues ou confondues avec la salive. Nos chrétiens sont parfois singulièrement et dangereusement naïfs à cet égard.

5° Bien que, en règle générale, il ne soit pas opportun d'accorder à nos chrétiens le bienfait de la communion fréquente, il est instamment recommandé aux directeurs des âmes d'exciter les fidèles à s'approcher souvent de la sainte Table. Voilà pourquoi, à l'approche des fêtes de précepte et des jours de dimanche, les missionnaires, à moins d'empêchements sérieux, se feront un devoir d'entendre les confessions des personnes qui se présenteront au saint Tribunal, et ils auront soin d'annoncer d'avance le jour et l'heure des confessions.

6° Si la nécessité oblige de porter secrètement le saint Viatique aux malades, le prêtre devra, autant que possible, revêtir l'étole sous son manteau ou autre habit tenant lieu de manteau.

7° On donnera la sainte communion aux enfants ayant atteint l'âge de raison, s'ils sont en danger de mort et suffisamment instruits pour recevoir ce bienfait.

8° Le Saint-Sacrement ne sera pas conservé indéfiniment dans les églises ou chapelles, sans une autorisation spéciale de l'Évêque. La même règle sera observée pour l'exposition et la bénédiction du Saint-Sacrement, en dehors du cas de la permission générale, par laquelle il est désormais accordé à tous les missionnaires la faculté de donner la bénédiction du Saint-Sacrement à toutes les fêtes de première et de deuxième classe, qui sont de précepte. Ils pourront aussi conserver le Saint-Sacrement pendant le temps de la visite, quand l'oratoire et le tabernacle seront construits et ornés dans les conditions voulues.

9° Quand le saint Viatique sera porté ostensiblement aux malades, on suivra exactement les prescriptions du Rituel et on donnera d'avance des avertissements précis, en vue d'obtenir que la chambre du malade, les autres appartements de la maison, et même la cour d'entrée soient décemment disposés. Sur tout le parcours du Saint-Sacrement, les chrétiens doivent témoigner leur profond respect, en manifestant les signes de piété en usage.

§ 4. — De la Pénitence.

1° Tout pénitent, quelque criminel ou scandaleux qu'il soit, doit avoir accès au saint Tribunal, pourvu qu'il soit *sérieusement* disposé à réparer le scandale et à s'acquitter des autres justes satisfactions exigées par l'Église. Il appartient au prêtre de refuser aux indignes l'absolution sacramentelle, mais il ne peut refuser d'entendre les confessions.

2° Les enfants, dont l'éducation religieuse est en général trop négligée par les parents, seront admis le plus tôt possible à la confession, et les missionnaires se feront un devoir de les accueillir avec charité et patience. Ils avertiront au besoin de leurs obligations les parents des retardataires, et ne manqueront pas de leur faire comprendre que les habitudes chrétiennes de toute la vie dépendent souvent des bonnes impressions reçues à l'époque de l'âge tendre.

3° La question de l'opium est traitée dans le synode de Péking. Voir les décrets du synode pour l'absolution à accorder ou à refuser.

4° On ne peut pas inquiéter les chrétiens qui prêtent l'argent au taux légal 30 0/0, sans autre titre quelconque extrinsèque au prêt, pourvu qu'à l'occasion des intérêts, le prêteur n'use pas de procédé injuste, comme la prétention d'exiger l'intérêt des intérêts *(Li kouèn li)*. Cet abus est prohibé sous peine de restitution.

5° Aucune pénitence publique ne sera infligée sans la permission du Vicaire apostolique, de crainte que par ce genre de répression ou indiscrète ou trop fréquente, l'autorité de l'Église n'en souffre dommage. *(Syn. de Péking.)* Le Vicaire apostolique aura soin de pourvoir à cette mesure pour les postes trop éloignés de sa résidence. En tous cas, cette pénitence publique sera celle qu'un long usage a démontrée salutaire en cette mission, c'est-à-dire la confession publique du scandale commis, faite à l'église par le pénitent ; elle doit avoir lieu au commencement de la messe paroissiale, un jour de dimanche ou de fête d'obligation, et ne peut être infligée que comme remède salutaire pour réparation d'un scandale public. — La même réserve sera observée pour ce qui concerne les pénitences pécuniaires, et il ne sera jamais permis au missionnaire délégué de s'approprier l'amende perçue, laquelle devra être employée en bonnes œuvres.

6° Pour l'audition des confessions, le missionnaire aura toujours l'étole.

7° Dans les postes où il n'y aura pas de confessionnaux dûment installés, le confesseur devra faire placer entre lui et son pénitent une claie de séparation. Cette prescription est surtout de rigueur pour les confessions des personnes du sexe. Il n'est jamais permis d'entendre ces dernières pendant la nuit, excepté dans le cas de maladie grave de la pénitente, et alors la porte de l'appartement où se trouvera la malade, sera laissée ouverte. Dans les églises mieux pourvues, le confessionnal sera installé à une place apparente, et si, pour des raisons plausibles, cette place est choisie à la sacristie, la porte restera ouverte pendant tout le temps des confessions. Cette règle.aura des exceptions pour les personnes atteintes de surdité.

8° Sont absolument prohibés tous les signes extérieurs donnés aux pénitents, affichés ou suspendus à la sacristie ou au confessionnal, même en vue de faire connaître le nombre des communions à administrer le lendemain. *(S. C. 23 mars 1848 au Vic. apost. de Mandchourie.)* De même, après la confession à domicile d'un malade, nous devons renvoyer au pénitent les questionneurs indiscrets qui s'adressent souvent au confesseur pour s'informer si le malade recevra la sainte communion.

§ 5. — De l'Extrême-Onction.

1° Nous devons autant que possible conserver la coutume de l'Église, qui consiste à donner l'Extrême-Onction après que le malade, dûment confessé, a reçu la sainte Eucharistie.

2° Le prêtre invité à administrer ce sacrement observera religieusement toutes les prescriptions du Rituel, et prendra les précautions qui sont recommandées pour l'administration du saint Viatique, afin d'assurer la propreté et la décence qui doivent régner dans l'appartement du malade.

3° Il n'est pas permis de se faire une règle générale d'omettre l'onction des reins pour les hommes malades, cette onction devant se faire toutes les fois que le malade peut se remuer sans trop de difficulté. Les gardes-malades seront averties qu'il n'est ni nécessaire ni opportun de découvrir tout à fait les pieds des femmes infirmes. L'onction se fait à une partie supérieure des pieds. Dans tous les cas, on aura dû laver et essuyer avec soin les membres ou les organes que l'onction sainte doit atteindre.

4° Tout catéchumène suffisamment disposé, qui reçoit le Baptême pendant le temps d'une maladie grave, peut aussi recevoir l'Extrême-Onction, s'il désire ce bienfait et s'il en comprend l'importance.

5° Si les missionnaires rencontrent, loin de leurs résidences, des malades dont on peut prévoir la fin probable dans un avenir éloigné même de plusieurs mois, ils pourront en pareille circonstance administrer l'Extrême-Onction à ces malades, surtout s'il y a lieu de craindre pour ceux-ci la privation de cette grâce à l'article de la mort.

6° Nous devons veiller à ce que nos chrétiens les plus pieux assistent les malades à leurs derniers moments, et les aident par leurs prières et ferventes exhortations à supporter saintement leurs souffrances ; en un mot, leur suggèrent des sentiments de foi, d'espérance et de charité. Les réunions tumultueuses de curieux, de fumeurs et d'autres personnes, dont la présence et la conversation déréglée ne peuvent que nuire aux malades, seront sévèrement interdites. Nos chrétiens doivent savoir qu'en présence d'un moribond le seul langage de la foi peut rompre le silence religieux qui doit régner dans l'entourage.

7° Les voyages à faire pour les malades se feront aux frais des chrétiens, qui fourniront aux missionnaires les moyens de se rendre au domicile des moribonds. Cette règle ne souffrira pas d'exception, quand même le missionnaire posséderait en propre un chariot ou un cheval. On avisera par un autre moyen à maintenir cette prescription, quand il s'agira de malades pauvres qui sont incapables de remplir cette condition.

8° Les missionnaires ne sont pas tenus de faire plus de deux journées de marche pour administrer les derniers sacrements aux malades. Ils ne seront que plus dignes d'élogés et d'admiration s'ils n'imposent aucune limite à leur charité et à leur zèle pour le salut des pauvres moribonds.

9° Le prêtre le plus rapproché des malades devra toujours se rendre aux invitations des chrétiens demandant pour quelqu'un l'Extrême-Onction dans les conditions voulues, quand même la personne malade ne serait pas soumise à sa juridiction.

§ 6. — Du Mariage.

1° En règle générale, la bénédiction du mariage sera refusée aux chrétiens qui, par négligence coupable et à cause de leur ignorance, n'auraient pas encore fait leur première communion ou ne seraient pas encore confirmés. Le mariage sera retardé, et les personnes intéressées devront d'abord satisfaire aux conditions voulues. Cette règle pourra avoir des exceptions, quand il s'agira de chrétiens récemment baptisés.

2° Avant la bénédiction nuptiale, si l'une des deux parties contractantes appartient à un autre district, le prêtre invité à bénir le mariage devra recevoir du missionnaire de ce district un témoignage par écrit, pour s'assurer qu'il n'existe aucun empêchement de mariage.

3° Bien que le saint Concile de Trente ne soit pas promulgué en Chine, il est absolument défendu à nos chrétiens de se marier clandestinement, quand ils peuvent demander la bénédiction nuptiale au missionnaire de leur district. Les missionnaires, déjà trop surchargés de fatigues souvent excessives dans les autres voyages, ne se dérangeront pas en pareilles circonstances. Ils obligeront les personnes contractantes à se rendre auprès d'eux. La conduite contraire serait un abus que des raisons sérieuses défendent de tolérer.

4° A moins de raisons graves, la bénédiction nuptiale doit se donner le jour même de la cérémonie civile du mariage. Si les contractants ont leur résidence éloignée du missionnaire, le mariage sera bénit un ou plusieurs jours avant cette cérémonie.

5° Dans les cas très-rares d'impossibilité physique ou morale pour les fiancés de recevoir la bénédiction nuptiale, ceux-ci devront se donner leur consentement par-devant témoins, après toutefois s'être excités à la contrition parfaite de leurs péchés : condition nécessaire pour contracter l'union sacrée du mariage sans commettre de sacrilége, s'ils sont coupables devant Dieu de quelque faute grave. Le missionnaire aura soin, à l'occasion, d'instruire ces mêmes personnes des rites à observer pour cette cérémonie privée. On l'accomplira à genoux devant un crucifix ou une image du crucifix, après la récitation des actes de foi, d'espérance, de charité et de contrition. A la première occasion propice, les conjoints demanderont la bénédiction nuptiale.

6° S'il arrive que, pour des raisons suffisantes, on soit invité à bénir quelque mariage, aux temps où l'Église interdit la solennité et les repas des noces, toutes les cérémonies indiquées dans le Rituel seront accomplies, mais la messe du mariage ne sera pas célébrée. En un autre temps, il n'est pas permis d'omettre cette messe, ni les prières après le *Pater,* ni la bénédiction à la fin de la messe.

7° Le prêtre qui bénit un mariage doit être revêtu du surplis et de l'étole, mais non de l'aube avec l'étole croisée sur la poitrine. *(S. C. des Rites.)*

8° Les missionnaires devront relire de temps en temps la teneur de leurs pouvoirs relativement aux dispenses de mariage. Ils seront très-réservés dans la pratique, quand il s'agira de dispense de disparité de culte. Ils ne pourront user de leurs pouvoirs pour dispenser les chrétiens scandaleux, qui ne pratiquent pas ou n'observent pas leurs devoirs religieux. Il en sera de même, quand il s'agira de contumaces disposés à se marier avec un empêchement, malgré le refus de la dispense, ainsi que pour les filles ou femmes chrétiennes qui s'obstineraient à vouloir se marier à des païens.

9° La dispense d'interpellation est réservée au Vicaire apostolique ; les missionnaires pourront être délégués pour des cas déterminés, et toute démarche faite en vue d'obtenir cette dispense, devra être accompagnée de renseignements complets et très-précis sur les causes et l'objet de la demande.

10° Les dispenses seront toujours données par écrit, et la teneur en sera conservée dans un cahier spécial, que chaque missionnaire aura soin de présenter au Vicaire apostolique, à l'époque de la visite pastorale. Ce cahier contiendra la formule pour toutes les dispenses à donner ; la clause :

« *Dummodo mulier non rapta fuerit, vel si rapta fuerit,
in potestate raptoris non existat* » devra être exprimée. —
On devra toujours absoudre des censures *ad cautelam :* les
missionnaires ont ce pouvoir *in utroque foro ;* mais ils n'ont
pas le pouvoir de multiplier les dispenses, c'est-à-dire de lever
deux ou plusieurs empêchements dans le même mariage.

11° Quant à ceux qui demandent la dispense des empêchements de consanguinité, d'affinité, de parenté spirituelle
ou légale et d'honnêteté publique, et qui ont eu précédemment
le malheur de se rendre coupables du péché d'inceste, voir
décret de la S. C. du saint Office, *1ᵉʳ août 1866*.

CHAPITRE DEUXIÈME

DES PERSONNES

§ 1er. — **Des Missionnaires apostoliques.**

1° RETRAITE ANNUELLE. — Chaque année les missionnaires qui seront appelés à la retraite commune, se rendront à l'invitation, à moins d'empêchements sérieux. Cette retraite sera suivie de conférences sur certaines questions de théologie, indiquées à l'avance. Quand la retraite se fera par groupes, le missionnaire qui présidera la réunion se conformera en tout aux instructions qu'il aura reçues de l'autorité compétente.

2° VISITES ENTRE CONFRÈRES. — Les missionnaires qui pourront se voir souvent, s'efforceront de rendre leurs visites utiles au bien général et à leur sanctification personnelle. Si, dans leurs conférences particulières, les avis restaient partagés sur quelque question bien déterminée, ils devraient exposer leurs doutes au Vicaire apostolique ou au Provicaire, surtout s'il s'agissait d'opinions tendant à établir une pratique différente dans l'exercice du saint ministère. Ils éviteront toute discussion vive devant les chrétiens, et tout ce qui serait de nature à laisser supposer à ceux-ci un défaut de bonne harmonie entre les missionnaires. Enfin ces visites ne devront jamais être une occasion de perdre le temps inutilement, ou de le faire perdre au prochain.

3° RAPPORTS AVEC LES CHRÉTIENS. — Éviter la familiarité

dans les rapports avec les chrétiens. En conséquence, dans nos relations avec les chrétiens, nous devons soigneusement éviter les épanchements de cœur, les confidences d'amis et la camaraderie ; nous serions cause d'impressions défavorables sur leur esprit, si nous avions jamais l'imprudence de les mettre au courant de nos peines et de nos ennuis, surtout s'il s'agissait de difficultés, toujours possibles, qui se seraient produites entre confrères. En règle générale, nous devons aussi imposer silence à ceux qui se permettraient devant nous quelque discours défavorable à l'un de nos confrères.

4° RAPPORTS AVEC LES PERSONNES DU SEXE. — Lorsque des affaires importantes exigeront une entrevue avec les personnes du sexe, on leur donnera audience dans l'église ou à l'oratoire, mais jamais dans un appartement secret. L'entretien sera simple, court, et on y observera toutes les règles de la prudence et de la discrétion. Nous ne devons jamais oublier dans ces rapports que la familiarité, réprouvée des païens eux-mêmes, serait toujours dangereuse pour nous et extrêmement compromettante pour notre œuvre d'évangélisation. Nous ne pouvons jamais permettre que, pendant la visite, ces personnes nous servent à table ; l'entrée de l'enclos privé et des appartements de nos résidences doit leur être sévèrement interdite.

5° INSTRUCTIONS ET CATÉCHISMES. — Tous les dimanches et fêtes d'obligation, les missionnaires se feront un devoir d'annoncer la parole de Dieu aux fidèles. L'instruction se fera après l'Évangile.

L'entrée de l'église ou oratoire restera libre pendant tout le temps de l'Office ; on pourra cependant fermer les portes pendant le sermon, si cette mesure est jugée nécessaire au recueillement de l'assistance.

D'après un usage en vigueur dans la région ecclésiastique du Nord, les catéchumènes pourront être admis à assister aux offices divins, même après le *Sanctus* et la *Consécration*. — Ces mêmes catéchumènes devront, autant que possible, assister à l'explication du catéchisme qui sera toujours faite aux enfants, en ces jours de dimanche et de fête d'obligation.

Les missionnaires auront à cœur de ne jamais omettre cette seconde instruction.

6° USAGE DES POUVOIRS. — Les facultés *ordinaires* sont accordées aux missionnaires pour des districts déterminés. On pourra les exercer *validement* dans toute la mission, mais non *licitement,* sans le consentement formel ou présumé des titulaires. En dehors de leurs districts, les missionnaires ne pourront donner validement aucune dispense de mariage, hormis celles qui relèvent du for intérieur.

7° COSTUME. — Les missionnaires européens étant sans cesse obligés de paraître aux yeux d'une population païenne, très-susceptible et très-ombrageuse pour tout ce qui déroge aux habitudes du pays, devront toujours porter dans leurs voyages le costume laïque conforme à celui des Chinois de condition honnête. Ce costume sera le plus irréprochable et le plus complet possible. On évitera tout ce qui dans les vêtements pourrait sentir la recherche ou la singularité, comme serait la couleur rouge, jaune, violette, verte ou bleu-clair. La toge blanche est tolérée pendant l'été ; l'habit laïque de tout autre pays étranger est absolument interdit dans ses moindres détails. D'ailleurs la toge longue de couleur noire remplacera avantageusement l'habit ecclésiastique qu'on porte en France.

§ 2. — Le Procureur de la Mission.

1° SOIN ET DILIGENCE. — La charge de Procureur étant indispensable au bien de la mission, sera remplie avec zèle et soumission aux ordres du Supérieur, qui seul a la responsabilité de l'emploi et de l'administration des fonds communs. Le Procureur ne pourra distribuer aucun objet appartenant à la mission, sans la permission formelle ou présumée du Vicaire apostolique ; de même il ne prêtera jamais d'argent.

2° OFFICE. — *a)* Quand un missionnaire sera envoyé dans un nouveau district, le Procureur lui fournira un ameublement convenable. Il consistera en bureau et bibliothèque, une table, deux chaises, un lit, une armoire et un buffet. La

mission lui donnera en outre les objets de table et les usten-
siles de cuisine. Quand il s'agira de voyages commandés, le
missionnaire recevra un supplément de cinq ligatures par jour.

b) A moins de raisons tout à fait urgentes, et sans la
permission du Supérieur, aucune commission ne sera faite à
la procure d'Ing-tse pour les personnes qui l'auront com-
mandée, si la somme nécessaire à l'achat des objets n'a pas
été déposée à l'avance dans la caisse de la procure. On admet
une exception pour les missionnaires ; des avances leur seront
accordées jusqu'à concurrence de 10 livres.

c) Le Procureur expédiera le plus tôt possible les objets,
caisses, paquets, lettres et autres envois à destination de ses
confrères ou des autres personnes désignées sur l'adresse.
Les confrères, de leur côté, devront toujours prendre en
considération les causes nombreuses qui, en ce pays, peuvent
retarder ces expéditions ; et, à moins de preuves certaines
de négligence chez le Procureur, ils s'abstiendront de toute
observation qui sentirait le reproche ou le mécontentement
vis-à-vis d'un confrère appelé à rendre à tous des services
précieux et souvent très-pénibles.

3° RÈGLEMENT ANNUEL DES COMPTES. — En vue d'éviter les
graves inconvénients qui résulteraient pour le Procureur
d'une surcharge excessive de travail, il importe de régler
l'envoi des comptes comme il suit :

a) Chaque année, au mois de juillet, les missionnaires lui
adresseront la note exacte des sommes qu'ils auront reçues
des Œuvres de la Propagation de la Foi et de la Sainte-
Enfance, en même temps que les comptes d'administration ;

b) Au commencement de chaque année, le Procureur
adressera aux confrères le relevé de leurs comptes parti-
culiers. Sur ces comptes figureront les recettes et les dépenses
faites à Paris et dans les procures, et aussi les recettes et les
dépenses faites dans la mission, pendant l'année précédente.
En dehors de cette époque, aucun règlement de comptes ne
devra être exigé, à moins de circonstances extraordinaires.
Les factures ou notes détaillées des achats seront toujours
adressées aux personnes intéressées en même temps que les
objets achetés.

c) Ceux qui reçoivent des allocations pour l'Œuvre de la Sainte-Enfance, ou pour les autres œuvres de leur district, devront adresser au Procureur par le même courrier (mois de juillet) des comptes détaillés, indiquant clairement l'emploi des sommes reçues. A défaut de cette formalité indispensable, le Procureur ne sera jamais autorisé à envoyer d'autres secours d'argent.

d) Les missionnaires voisins qui auront des comptes d'argent à régler entre eux, ne pourront désormais le faire par l'entremise de la procure. Il n'en sera pas ainsi des confrères dont les résidences seront éloignées de plus de vingt lieues ; ils seront autorisés à liquider leurs comptes par l'entremise de la procure, s'ils trouvent ce moyen plus commode.

4° RÈGLES PARTICULIÈRES. — *a)* Les sommes dépensées à la procure pour achats d'objets demandés, seront fidèlement inscrites sous les rubriques *Taëls, Piastres, Sapèques,* et comptées au taux des dernières opérations faites par le Procureur, c'est-à-dire au taux des dernières ventes d'argent, à l'époque de la commande.

b) Aucune demande d'achats à Paris ne sera signée par le Procureur si le relevé des comptes semestriels, qui se trouveront à la procure, ne fait foi d'un avoir suffisant pour couvrir les frais d'achat et d'envoi. Quand des raisons graves l'y engageront, le Vicaire apostolique pourra permettre des exceptions à cette règle.

c) Un supplément de viatique sera accordé aux missionnaires que leur position exposerait à des privations pénibles. Toutefois une demande motivée de ce genre de secours sera faite chaque année au Vicaire apostolique.

§ 3. — Des Prêtres Indigènes.

1° Le présent règlement de la mission sera traduit en latin pour les prêtres indigènes.

2° RETRAITE. — Les prêtres indigènes feront chaque année une retraite par groupes ; ils auront tous les cinq ans, autant

que faire se pourra, une retraite générale ; chaque retraite
sera précédée d'un examen théologique. — Si le Supérieur de
la mission ne peut pas lui-même présider la retraite des
prêtres indigènes, il désignera le missionnaire chargé de le
remplacer.

3° RAPPORTS DES MISSIONNAIRES AVEC LES PRÊTRES INDIGÈNES.
— Dans les rapports fréquents qu'il a avec les prêtres indigènes, le missionnaire doit honorer le caractère sacerdotal
dont ils sont revêtus, les traiter comme des frères et leur
témoigner beaucoup d'affection, tout en évitant une trop
grande familiarité. De leur côté, les prêtres indigènes se
montreront soumis et obéissants envers le missionnaire chargé
de leur direction.

4° AFFAIRES TEMPORELLES. — Les prêtres indigènes ne doivent envoyer aucun argent à leur famille, avant d'en avoir
obtenu la permission du Vicaire apostolique. Les ressources
qu'ils peuvent avoir, voire même les revenus de leur titre patri-
monial, sont destinées à leur honnête entretien et aux œuvres
pies. Il leur est également défendu de prêter à intérêt et de se
porter garants pour leurs parents ou amis, sans en avoir au
moins prévenu le missionnaire chargé de leur direction.

5° MORT DES PRÊTRES INDIGÈNES. — A la mort d'un prêtre
indigène, la mission fera dire par tous les missionnaires
dix messes pour le repos de son âme ; en outre, chaque missionnaire devra dire trois messes sans honoraires à la même
intention.

§ 4. — **Des vierges**.

1° CONDITIONS D'ADMISSION. — Le missionnaire doit user de
beaucoup de prudence et de discrétion pour admettre une
jeune fille au rang de vierge ; un désir éprouvé de garder la
virginité ne suffit même pas. Cette fille doit aussi avoir en
propre 300 petites ligatures en espèces ou en biens-fonds.

2° CÉRÉMONIE D'ADMISSION. — Le jour de l'admission, on
bénira et on imposera à cette fille dans l'église un voile de
couleur bleu-foncé, long de six pieds et large de deux. Elle

renouvellera à cette occasion à haute voix les promesses de son baptême, exprimant en même temps le bon propos de rester soumise toute sa vie au missionnaire du lieu, en tout ce qui concerne le bien de la religion.

3° MODESTIE DANS LES HABITS. — Les vierges devant donner à tous l'exemple de la simplicité et de la modestie chrétienne, éviteront dans leurs habits, dans leurs chaussures et l'arrangement de leurs cheveux, tout ce qui, eu égard à leur condition, sentirait l'élégance et la recherche.

4° EXCLUSIONS. — Si l'une d'elles devenait un sujet de scandale pour les autres, ou désobéissait obstinément au missionnaire, elle serait exclue publiquement du rang des vierges.

5° RÉGLEMENT. — Celles qui vivent dans leur famille, à moins d'une dispense spéciale, auront un appartement séparé de ceux qui sont occupés par la famille, et suivront en tout point, pour leur conduite privée, le Directoire intitulé : *T'oûng tchen sieoù Kouèi.*

6° CONDUITE DES MISSIONNAIRES AVEC LES VIERGES (AUMONES). — Conformément au synode de *Sé-tchouan,* il est interdit à tout missionnaire d'aider directement une vierge pour son entretien personnel. Cependant il lui reste permis de concourir de ses propres ressources à la fondation ou à la prospérité des Communautés.

§ 5. — Des Catéchistes.

1° On nomme *Catéchistes* les hommes que la mission emploie à l'extérieur pour propager la doctrine. Leur office consiste à prêcher les païens ; ils feront en sorte que les nouveaux catéchumènes apprennent la doctrine, remplissent bien tous leurs devoirs et se préparent convenablement au Baptême. En règle générale. ils présenteront eux-mêmes au missionnaire ceux qui désireront le catéchuménat ou le Baptême.

2° *N. B.* — *a)* La conversion des païens ne dépendant pas seulement de la prédication, mais surtout du bon exemple et de la prière, les catéchistes observeront exactement tous leurs devoirs de bons chrétiens, éviteront les contestations et ne feront aux païens aucune promesse concernant leurs affaires temporelles.

b) Chaque mois environ, ils rendront compte au missionnaire du résultat de leurs travaux. Il leur est défendu de demeurer chez les chrétiens sans permission.

§ 6.— **Des Administrateurs**.

1° On désignera sous le nom d'*administrateurs,* ceux qu'en chinois on appelle *Houéi-tchang*.

2° OFFICE. *a)* Les administrateurs de chaque chrétienté veilleront à l'entretien de l'église, et aideront le missionnaire dans toutes les circonstances où il aura besoin de leur concours.

b) Toute difficulté, si elle n'a pas rapport au saint ministère, ne sera soumise au missionnaire qu'à la requête des administrateurs, et quand ces derniers seront impuissants à la résoudre.

c) Ils entretiendront la bonne harmonie entre les chrétiens et empêcheront que leurs différends ne soient déférés aux tribunaux sans l'assentiment du missionnaire. D'autre part, ils prêteront leur concours au missionnaire pour réprimer certains scandales qui seraient de nature à rendre la religion odieuse. Les auteurs de ces scandales ne seront traduits devant les tribunaux civils qu'à défaut d'autres moyens de répression.

3° NOMINATION. — Dans le choix de ces administrateurs, on tiendra plutôt compte de leurs qualités personnelles que de leur état de fortune. Trois choses sont à désirer : le bon exemple, l'instruction, et l'influence sur les chrétiens.

4° RÉVOCATION. — De même que leur nomination sera faite en public, ils seront aussi publiquement révoqués, quand ils auront donné du scandale, désobéi obstinément au missionnaire, ou trahi leur devoir.

5° PRIVILÈGES. — Les administrateurs auront une place

réservée à l'église. Dans les cérémonies religieuses, les officiers supplémentaires seront choisis parmi eux, et, en toute circonstance, ils auront le pas sur les autres chrétiens.

§ 7. — Domestiques des Pères.

Les missionnaires ne prendront à leur service que des hommes qui donnent le bon exemple; ils les surveilleront attentivement et ne les laisseront jamais oisifs.

CHAPITRE TROISIÈME

ADMINISTRATION DES CHRÉTIENS

§ 1er. — **Visite annuelle.**

a) Le temps de la visite devant être employé uniquement au soin des âmes et à l'administration des sacrements, les missionnaires ne s'occuperont pas pendant ce temps d'affaires étrangères à leur saint ministère ; ils exhorteront aussi les chrétiens au recueillement nécessaire pour s'approcher des sacrements avec les dispositions requises.

b) En arrivant au poste qu'il devra visiter, le missionnaire se rendra à l'église, ou à l'oratoire, ou à tout autre local tenant lieu d'oratoire. Après une courte et fervente prière, il aspergera les assistants avec l'eau bénite ; puis, une fois installé dans sa chambre, il s'informera de l'état de la chrétienté et de tout ce qu'il croira utile au succès de la visite. Chaque jour, après l'Évangile de la messe, il exposera devant les assistants, par une courte instruction, les principales vérités de la foi. Pour faire cette instruction, le prêtre revêtu de la chasuble sera assis sur un siège placé sur le palier de l'autel, du côté de l'Évangile. La lecture du catéchisme du saint Concile de Trente si utile aux prédicateurs, est instamment recommandée pendant le temps de la visite.

c) Avant la confession, tous les chrétiens seront interrogés sur la lettre du catéchisme, et chaque jour le missionnaire expliquera en public le sens de la doctrine qui s'y trouve énoncée ; en dehors du cas de vraie nécessité, il ne sera jamais permis de laisser ce soin à des laïques.

d) C'est une louable pratique de commencer la visite par les confessions des enfants, afin de discerner tout d'abord ceux d'entre eux qui peuvent être admis à la première communion et de les préparer à cet acte important, comme il a été dit plus haut.

e) On consacrera à entendre les confessions tout le temps que réclame le besoin spirituel des pénitents. L'expérience démontre qu'il n'est guère possible de recevoir plus de douze ou quinze confessions annuelles par jour, attendu qu'une partie notable du temps doit être employée aux instructions ou aux autres occupations du saint ministère. Il est à souhaiter que les missionnaires, en vue d'éviter la fatigue excessive et aussi pour d'autres raisons excellentes, s'entendent de manière à être deux ensemble pour faire la visite annuelle, quand la chose sera possible. On ne saurait trop recommander à leur zèle et à leur charité les visites de surérogation ou les retraites spirituelles, qui produisent toujours d'excellents fruits de salut chez nos chrétiens.

f) On conservera la règle établie dans la mission de fournir au missionnaire, d'une manière convenable, ce qui est nécessaire à son entretien, pendant le temps de la visite. Les chrétiens vraiment pauvres comme aussi les enfants qui n'ont pas encore atteint l'âge de 14 ans, ne sont pas obligés de contribuer à ces frais. Ceux qui sont plus à l'aise seront invités à souscrire dans une plus large mesure ; leur offrande devra autant que possible être proportionnée à leurs moyens. L'excédant des offrandes, à la fin de la visite, sera fidèlement conservé pour subvenir aux besoins de l'oratoire de la chrétienté intéressée.

g) A la fin de chaque visite, le missionnaire ne prendra congé des chrétiens qu'après la prière d'usage à l'oratoire et l'aspersion de l'eau bénite.

h) Chaque année, au mois de juillet, les comptes-rendus de l'administration des districts seront adressés au Vicaire apostolique. Des relations détaillées sur l'état des chrétientés accompagneront les tableaux d'administration.

§ 2. — Écoles.

a) Le missionnaire s'efforcera de procurer aux enfants de son district le bienfait d'une instruction solide et d'une éducation vraiment chrétienne ; pour arriver à ce but, il établira dans chaque chrétienté, ou au moins dans les principales, une école de garçons et une école de filles.

b) L'entretien de ces écoles regarde les parents et la fabrique ; le missionnaire lui-même fera quelques sacrifices, et si toutes les ressources réunies ne suffisent pas, une requête motivée sera présentée au Supérieur de la mission pour obtenir du secours et assurer le maintien des écoles.

c) Avant de commencer l'étude des livres païens, les enfants apprendront le catéchisme, les prières du matin et du soir et un ou deux livres de religion, dans l'école de la chrétienté. Les parents sont obligés en conscience d'envoyer leurs enfants à cette école aussitôt que possible, et pendant toute la durée de l'année scolaire. Le missionnaire du district reste juge des exceptions qui pourront être apportées à cette règle générale. Dans ce cas, il invitera les chrétiens qui auront une école privée, à contribuer de quelque façon à l'entretien de l'école commune.

d) Les enfants pauvres fréquenteront l'école, à tout le moins pendant les trois mois d'hiver ; sinon on infligera à leurs parents une punition salutaire.

e) Le choix des maîtres d'école est une question très délicate qui réclame au plus haut point l'attention du missionnaire ; une personne de vie ou de moralité suspecte sera toujours écartée.

f) La vierge préposée à l'école des filles doit être suffisamment instruite pour remplir les devoirs qui lui incombent, et se montrer constamment docile aux avis du missionnaire. Elle doit avoir vingt-cinq ans. Si l'on peut obtenir facilement des institutrices formées à l'enseignement dans une communauté de vierges, on n'emploiera jamais de filles qui vivent dans le monde.

g) Les maîtres et maîtresses réuniront leurs élèves à l'église dans un endroit spécial, pour entendre la messe, et seront chargés de leur surveillance. Tous donneront régulièrement chaque semaine au missionnaire la liste des élèves qui ne vont pas à l'école ; ils commenceront toujours leurs classes par la prière et les termineront de même. Pendant la classe, ils ne se contenteront pas seulement de voir si les élèves peuvent réciter la lettre du catéchisme ou des prières, mais ils se feront un devoir de donner chaque jour, à une · heure déterminée, .toutes les explications nécessaires pour qu'ils en comprennent le sens.

§ 3. — **Des œuvres serviles.**

a) Notre prédécesseur, en vertu d'un pouvoir spécial à lui accordé par le Saint-Siége Apostolique, a dispensé les pauvres de l'obligation du repos les jours de dimanche, dans l'après-midi. Nous confirmons cette dispense, et en outre nous permettons à tous les chrétiens pauvres, à l'époque du sarclage des terres, de travailler pendant toute la journée, à la condition qu'ils entendront la messe, s'ils le peuvent, ou qu'ils réciteront les prières du dimanche, s'ils ne peuvent pas entendre la messe. Les chrétiens qui ne sont pas pauvres, ne seront jamais dispensés qu'à partir de midi. Aux quatre grandes fêtes de la Pentecôte, de Noël, de Pâques et de l'Assomption, personne ne sera dispensé.

b) Les enfants chrétiens de parents pauvres ne pourront être placés en apprentissage chez des païens, qu'aux conditions suivantes : 1° après la première communion ; 2° le maître païen s'engagera à ne les obliger à aucune superstition ; 3° il leur permettra aussi le chômage des quatre grandes fêtes.

§ 4. — **Des Fiançailles.**

a) Nous ne devons pas permettre aux parents de fiancer leurs enfants en bas âge. On exigera désormais que les enfants chrétiens aient atteint l'âge de douze ans pour les garçons, et de dix ans pour les filles, avant que leurs parents ou tuteurs contractent pour eux cet engagement. Le contrat sera toujours de nul effet quand l'une des deux parties intéressées n'aura pas donné son consentement. Le silence des filles, quand elles sont interrogées et qu'elles ont honte de répondre, doit être interprété comme un vrai consentement.

b) La coutume païenne de recevoir une jeune fiancée dans la famille de son fiancé, avant la cérémonie du mariage, est un abus que nous ne devons jamais tolérer chez nos chrétiens. S'il arrivait que la pauvreté ou la mauvaise volonté de certains chrétiens tièdes obligeât quelque enfant à subir une condition si dangereuse, le Supérieur de la mission serait consulté et tâcherait d'apporter remède à un état de vie si misérable.

c) Les missionnaires ne doivent pas s'ingérer dans les affaires des fiançailles, en ce qui concerne les propositions, la négociation et la conclusion de pareils contrats : leur rôle consiste simplement à faire observer les lois de la sainte Église. Et pour éviter des retards et d'autres inconvénients fâcheux en ces sortes d'affaires, ils feront bien d'obliger les chrétiens à déclarer leurs engagements de fiançailles, dès que ceux-ci voudront les contracter. Par ce moyen, ils pourront s'assurer s'il ne se trouve pas d'empêchement au mariage qui suivra.

d) Les fiançailles, une fois contractées validement, pourront être déclarées dissoutes quand l'une des parties contractantes exprimera la volonté d'embrasser un état de vie plus parfait. Ce choix d'une vie plus parfaite doit être sérieux et sagement examiné en ce pays, où le Saint-Siége exige l'âge de vingt-cinq ans pour l'émission des vœux simples. En tous cas, la décision de pareilles questions sera toujours réservée au Vicaire apostolique.

e) Les jeunes filles des catéchumènes et des nouveaux chrétiens, fiancées à des païens dès l'enfance, pourront être baptisées dans les conditions suivantes : 1° si elles sont dangereusement malades ; 2° si leurs parents réussissent à faire dissoudre ces fiançailles, et ils ne doivent négliger aucun moyen en vue d'obtenir ce résultat ; 3° en dehors des cas de maladie, si les parents promettent de procurer à ces enfants une éducation chrétienne ; 4° enfin, lors même que les fiançailles ne pourraient être dissoutes, si l'on prévoit que les conditions voulues pour donner la dispense seront réalisées. En dehors de ces conditions, le baptême sera différé.

f) Il est permis à un chrétien de contracter des fiançailles avec une païenne, à la condition expresse que celle-ci sera baptisée avant le mariage. En général, de telles fiançailles ne seront pas permises, quand il ne sera pas moralement certain que la condition sera remplie à l'époque présumée du mariage qui suivra.

§ 5. — Des Procès.

a) Sauf le cas d'une nécessité tout à fait urgente, les missionnaires ne pourront traiter aucune affaire litigieuse devant les tribunaux, s'ils ne sont désignés à cet effet par leur Supérieur.

b) Toute affaire litigieuse dont l'objet est purement temporel, et dans laquelle on ne peut saisir une preuve palpable de vexations dirigées contre la religion, ne doit pas être traitée par les missionnaires.

c) Quand il s'agira d'affaire grave, intéressant le bien général, le missionnaire chargé de la déférer aux tribunaux, devra, avant tout, prendre l'avis de ses confrères et des catéchistes. Il rendra compte au Supérieur du résultat de ses démarches.

d) En principe, nous devons aider les nouveaux chrétiens à revendiquer devant les tribunaux leur droit de dissoudre les fiançailles de leurs filles baptisées et fiancées dès l'enfance à des païens, quand ces derniers refusent de se convertir, ou du moins de cohabiter *sine contumeliâ Creatoris.*

e) Les choses qui seraient de nature à compromettre l'honneur de la religion, par exemple : certaines affaires dans lesquelles des filles ou des femmes seraient impliquées, ne seront traitées qu'avec la permission expresse du Vicaire apostolique.

f) Toute affaire déférée au tribunal sera conduite avec fermeté et prudence ; on ne l'abandonnera qu'à la dernière extrémité.

g) En règle générale, les missionnaires qui n'auront pas achevé leur temps de probation, ne pourront point être délégués pour traiter une affaire au tribunal.

§ 6. — Les Fabriques.

Il n'est personne qui ne comprenne combien il importe de procurer à chaque chrétienté des revenus suffisants, destinés à couvrir les frais d'entretien des oratoires, des écoles, comme aussi les frais des visites extraordinaires et des voyages à entreprendre aux dépens de la communauté chrétienne, en faveur des malades pauvres qui n'ont pas les moyens d'appeler et de recevoir le missionnaire. Nous devons donc nous appliquer désormais à fonder des Fabriques, dont les biens seront soigneusement administrés sous la surveillance des missionnaires. Ces biens, comme on le voit, seront destinés à un but sacré, et les catéchistes qui en auront la gestion, devront comprendre l'importance de cette charge. — Chaque année, aux quatre grandes fêtes, les missionnaires inviteront les chrétiens de bonne volonté à offrir des aumônes dont le montant sera immédiatement versé au Trésor de la Fabrique, et inscrit sur un registre que les missionnaires examineront le plus souvent possible. Le Vicaire apostolique sera toujours consulté quand il s'agira de l'acquisition de biens immeubles pour ces Fabriques.

§ 7. — Des Enterrements et des Comédies.

a) ENTERREMENTS. — La coutume de différer l'enterrement des morts est un usage trop païen pour que nous ne travaillions pas à l'abolir. Dans tous les cas, ce serait une superstition évidente que de différer à dessein l'enterrement jusqu'au septième jour après la mort, ou à tout autre jour multiple du septième, et de donner les repas en usage chez les païens chaque septième jour.

Pour ce qui est de la musique et des pétards, voir le synode de Péking : *De tympanis et tormentis.*

b) Comédies. -— Il est absolument défendu à nos chrétiens :

1° De contribuer par une offrande pécuniaire ou par d'autres moyens à n'importe quelle comédie, quand cet argent ou ces moyens sont requis directement pour la comédie ou toute autre représentation.

2° D'assister à la comédie dans le seul but d'entendre ce qui s'y dit ou de voir ce qui s'y fait.

§ 8. — De la Musique et des Jeux.

a) Musique. — La profession de musicien en Chine est incompatible avec les devoirs de chrétien, à cause des nombreuses superstitions inhérentes à cette profession. Si cependant un catéchumène qui n'a pas d'autre moyen de subsister, promet sincèrement de ne prendre aucune part aux cérémonies superstitieuses dans les mariages ou les enterrements, il pourra être admis au Baptême.

b) Jeux. — Les joueurs de profession ne peuvent être admis aux sacrements sans qu'on ait constaté chez eux un sérieux amendement.

§ 9. — Parenté affectueuse, protection mutuelle.

a) Parenté affectueuse. — La parenté appelée *Kan K'in* est prohibée entre chrétiens ; elle peut être tolérée entre chrétiens et païens en vue d'une conversion ; un avantage temporel quelconque ne saurait l'autoriser.

b) Protection mutuelle. — Il est formellement interdit aux chrétiens de s'engager dans une Société de défense mutuelle, par la cérémonie dite *pai pa tsé.* En effet, il est toujours à craindre que par suite d'une promesse trop absolue, on n'en vienne à se rendre coupable de l'injustice d'autrui.

§ 10. — **Sociétés religieuses**.

a) Il est à désirer qu'on établisse dans la mission des Communautés religieuses, dont le but pratique principal soit l'enseignement.

b) Les sujets des corps enseignants approuvés, toutes choses égales d'ailleurs, seront préférés aux autres.

§ 11. — **Associations**.

a) Les missionnaires apporteront le plus grand soin à instruire les chrétiens sur la nature et le but de chaque Confrérie, et aussi sur les avantages spirituels qui y sont attachés. Ils leur donneront une notion exacte des indulgences en général et leur expliqueront les conditions requises pour les gagner, surtout quand il s'agira d'indulgences particuculières à telle ou telle Confrérie établie dans la mission.

b) Ils mettront à la tête de chaque association des zélateurs et zélatrices. Les chrétiens scandaleux sont exclus de toute pieuse association.

c) Nous exhortons vivement chacun de nos confrères à dire une messe par mois pour la prospérité des œuvres de la mission. Tous réciteront au moins une fois chaque jour le *Miserere* pour la conversion des infidèles.

NOMS DES MISSIONNAIRES

QUI ONT ASSISTÉ AU SYNODE TENU A CHA-LING

PAR S. G. MGR CONSTANT DUBAIL

Évêque de Bolina et Vicaire apostolique de la Mandchourie.

MM. Joseph-André   BOYER, *provicaire*.
Charles-Joseph   VENAULT, *provicaire*.

Philippe-Joseph   AULAGNE,
Aristide   LETORT,
Louis   RAGUIT,
Pierre   LALOUYER,
Louis   CONRAUX,
Victor-Joseph   HINARD,
Jean-Baptiste   RIFFARD,
Laurent   GUILLON,
Théodore   CARD,
Jean   FAURE,
Joseph   BONGARD,
Charles   POUILLARD.

Absents pour cause d'empêchements.

MM. Isidore   MÉTAYER,
Joachim   CHEVALIER,
Joseph   NOIRJEAN,
Victor   BISSON,
Noël   EMONET,
Charles   COLLAS,
Louis   BRUGUIÈRE,
Félix,   CHOULET.

TABLE

		Pages.
	Lettre de S. G. Mgr Dubail	5
CHAPITRE Ier	Des Sacrements	7
	§ 1er. — Du Baptême	7
	§ 2. — De la Confirmation	10
	§ 3. — De l'Eucharistie	11
	§ 4. — De la Pénitence	12
	§ 5. — De l'Extrême-Onction	14
	§ 6. — Du Mariage	16
CHAPITRE II.	Des personnes	19
	§ 1er. — Des Missionnaires apostoliques	19
	§ 2. — Du Procureur de la mission	21
	§ 3. — Des prêtres indigènes	23
	§ 4. — Des vierges	24
	§ 5. — Des catéchistes	25
	§ 6. — Des administrateurs	26
	§ 7. — Des domestiques	27
CHAPITRE III.	Administration des chrétiens	28
	§ 1er. — Visite annuelle	28
	§ 2. — Écoles	30
	§ 3. — Des œuvres serviles	31
	§ 4. — Des fiançailles	31
	§ 5. — Des procès	33
	§ 6. — Des fabriques	34
	§ 7. — Des enterrements et des comédies	34
	§ 8. — De la musique et des jeux	35
	§ 9. — Parenté affectueuse et protection mutuelle	35
	§ 10. — Sociétés religieuses	36
	§ 11. — Associations	36
	Noms des Missionnaires qui ont assisté au Synode	37

PARIS. — IMPRIMERIE DE L'ŒUVRE DE SAINT-PAUL

L. PHILIPONA, 51, RUE DE LILLE